Td 198.

ÉTUDE

MÉDICO-PSYCHOLOGIQUE

SUR

L'HISTOIRE DE DON QUICHOTTE

Paris. — Imprimerie de L. MARTINET, rue Mignon, 2.

ÉTUDE
MÉDICO-PSYCHOLOGIQUE

SUR

L'HISTOIRE DE DON QUICHOTTE

PAR

LE D' MOREJON

TRADUITE ET ANNOTÉE

Par le Docteur J.-M. GUARDIA

> « Comme il y a une infinité de choses sages qui sont menées d'une manière très folle, il y a aussi des folies qui sont conduites d'une manière très sage. » MONTESQUIEU,
> *De l'esprit des lois*, liv. XXVIII, ch. 25.

PARIS,

J.-B. BAILLIÈRE ET FILS,

LIBRAIRES DE L'ACADÉMIE IMPÉRIALE DE MÉDECINE,
rue Hautefeuille, 19.

Londres,	New-York,
H. BAILLIÈRE, 219, REGENT-STREET.	H. BAILLIÈRE, 290, BROADWAY.

MADRID, C. BAILLY-BAILLIÈRE, CALLE DEL PRINCIPE, 11.

1858.

ESSAI

D'UNE

ÉTUDE MÉDICO-PSYCHOLOGIQUE

SUR

L'HISTOIRE DE DON QUICHOTTE.

On ferait un volume des traits de folie que nous a transmis l'antiquité. Et je ne parle pas ici des extravagances et des sottises qui abondent dans la biographie des conquérants, des empereurs et des rois, dont le jugement appartient à l'histoire et à la morale; mais uniquement des aberrations de l'intelligence ou des lésions de la sensibilité qui rentrent dans le domaine de la médecine mentale. Rien n'est plus connu, par exemple, que la manie de Thrasyllus d'Æxone (canton de l'Attique), qui se croyait propriétaire de tous les vaisseaux du Pirée, et tout le monde a lu dans Horace la plaisante histoire de cet habitant d'Argos, qui siégeait seul au théâtre, applaudissant de toutes ses forces une pièce imaginaire et des acteurs absents. Un roi de Perse, Xerxès, était amoureux d'un platane; un jeune homme d'Athènes le fut d'une statue de la Bonne Fortune et en mourut; le médecin Ménécrate prétendait être Jupiter, et Philippe, roi de Macédoine, ne put le guérir de son orgueil.

Elien, à qui nous devons bon nombre de ces traits, parle

aussi d'un fou qui s'amusait à compter les flots de la mer, et d'un idiot qui cherchait un escalier dans une cruche (1).

Ces faits isolés sont curieux ; mais ils offrent moins d'intérêt que ceux de folie épidémique, si fréquents dans l'antiquité. Je pourrais en citer plusieurs; mais je me bornerai à mentionner la gaîté des Tirynthiens, rapportée par Athénée (liv. VI), d'après Théophraste, et le délire des Abdérites, que Lucien (2) a décrit avec beaucoup d'esprit et de malice. Il raconte qu'à la suite d'une représentation de l'Andromède d'Euripide, donnée aux habitants d'Abdère en plein soleil, au milieu de l'été, tous les spectateurs furent pris d'un accès de fièvre chaude. Quand la fièvre fut jugée par des sueurs abondantes et des hémorrhagies nasales, ils se mirent à courir les rues, déclamant à grands cris le rôle de Persée, à l'imitation d'Archelaüs, fameux acteur du temps, qui avait joué dans la pièce. Lucien donne une explication ingénieuse et presque médicale de cette singulière épidémie (πανδημεί ἅπαντας), de son mode d'invasion, de la transformation qu'elle subit et de la crise qui la termina. Au commencement de l'hiver, un froid très vif, qui survint brusquement, mit fin au délire des Abdérites. Démocrite fut bien vengé de la sottise de ses compatriotes.

On sait que cet illustre physicien, livré à la contemplation de la nature, passait sa vie dans la solitude, étranger aux choses de ce monde ou ne s'y mêlant que pour en faire voir le ridicule. Cette sagesse avait les apparences de la folie. On s'en effraye, on mande Hippocrate : le médecin arrive, s'entretient avec le malade et s'aperçoit bientôt que ce n'est pas à Démocrite qu'il faudrait administrer l'ellébore. Il avait deviné juste. Bordeu remarque finement que dans cette circonstance ce fut la médecine qui jugea la philosophie, et que les philosophes auraient tort de l'oublier. Il prétend aussi que jamais les philosophes

---

(1) Ælian., *Hist. var.*, XIII, 17.
(2) Lucian., *Quomod. hist. sit conscrib.*, § 1.

n'ont pu en imposer aux médecins, qui vont droit aux causes (1).

Quoi qu'il en soit, l'auteur de la *lettre à Damagète* (pièce apocryphe de la collection hippocratique), où cette histoire est longuement racontée, prétend qu'Hippocrate trouva Démocrite occupé à rechercher dans les viscères des animaux la nature, les causes, la production de la folie et les moyens de la guérir. Mais il aurait eu beaucoup à faire pour y arriver, s'il est vrai qu'il pensât que ce monde est une grande maison d'aliénés, dont les habitants passent leur temps à se moquer les uns des autres, sans connaître leur propre état. Tel était précisément le sujet de sa belle humeur. On voit que Démocrite ressemblait un peu à certains philosophes de notre temps, qui, se plaçant très haut dans leur propre estime, considèrent le reste des hommes comme les acteurs d'une agréable comédie et s'amusent de ce spectacle comme d'une distraction à leurs grandes pensées. Il en diffère toutefois par un côté : c'est qu'il voulait corriger charitablement les travers de l'humanité, qui divertissent ces esprits superbes. Pour lui, l'homme, depuis sa naissance jusqu'à sa mort, était perpétuellement malade. On a remarqué, à ce sujet, que lui aussi devait être dans le même cas; de sorte que, tout en admirant son savoir, on peut lui appliquer le vers du fabuliste :

Il connaît l'univers et ne se connaît pas (2).

Démocrite plaçait le siége de la folie dans le foie et sa cause dans la bile. Aristote a remarqué après lui que la plupart des hommes supérieurs dans les arts, les lettres et les sciences, ont le tempérament mélancolique. L'atrabile (bile noire) jouait un grand rôle dans les théories anciennes de l'aliénation mentale,

---

(1) Bordeu, *Rech. sur les maladies chron.*, t. II, p. 805 des OEuvres complètes.
(2) La Fontaine, *Fables*, VIII, 26.

et le mot mélancolie est resté dans la science. Cette observation est singulière : elle peut servir à expliquer le dicton antique : « Il n'est point de grand homme qui n'ait son grain de folie. »

On sait que le mot a fait fortune, et cela devait être : il y a tant de petits esprits qui cherchent à se consoler de leur médiocrité ! Malheureusement, des hommes d'imagination et d'intelligence sont venus à leur aide et, mus par des motifs bien différents, ils ont essayé de faire entrer dans les annales des maladies mentales des sages fameux et des savants illustres, tels que Socrate et Pascal.

Ce n'est pas ici le lieu d'examiner l'opportunité et l'utilité de ces recherches rétrospectives, fruit d'une érudition plus ingénieuse que patiente, et auxquelles il manquera toujours une base solide, c'est-à-dire l'expérience personnelle et l'observation clinique. S'efforcer de démontrer la folie des grands esprits qui ont étonné le monde par l'exemple de leur vie ou par la sublimité de leurs œuvres serait une tâche bien ingrate si ce n'était un dangereux paradoxe. D'ailleurs il y a dans l'examen de ces questions délicates un point essentiel qu'il ne faut pas négliger. On doit interroger attentivement les idées générales, les croyances, les opinions, l'état mental des contemporains de ces grands hommes, car les hommes les plus grands sont avant tout de leur temps, et l'opinion de la foule exerce sur eux une influence efficace et permanente (1). Puisqu'il en est ainsi, il vaudrait peut-être mieux porter ses regards sur la masse que sur des individus isolés, dont l'observation ne se rattache qu'indirectement à l'histoire générale des maladies épidémiques.

C'est précisément ainsi qu'a procédé Cervantès. Il entreprit de guérir son pays d'une maladie chronique qui présentait tous

---

(1) Voyez, à ce sujet, les réflexions judicieuses de M. Littré (*Traduct. de Strauss*, préface de la deuxième édition française, pp. III et IV, et les observations très sensées de M. le docteur Falret, *Leçons cliniques de médecine mentale*, quatrième leçon, pp. 133-34, 137-38.

les caractères d'une épidémie. La lecture des romans de chevalerie avait depuis longtemps perverti le goût du public et fait tourner toutes les têtes. Les grandes découvertes, les expéditions lointaines et les conquêtes prodigieuses des Espagnols aux XVe et XVIe siècles n'avaient pas peu contribué à favoriser cet esprit d'aventures et d'héroïques extravagances dont le résultat final fut de préparer avec tant d'éclat la décadence de la monarchie espagnole. Des commentateurs philosophes ont prétendu, non sans quelque apparence de raison, que le chevalier Don Quichotte n'est autre chose que l'Espagne elle-même, déjà si malade à cette époque et rêvant, sur le penchant de sa ruine, cet empire universel qu'elle poursuivit dans sa folie, sans pouvoir jamais l'obtenir.

Que cette hypothèse soit ou non fondée, ce n'est pas ici le lieu de le décider. Quoi qu'il en soit, Cervantès a écrit l'histoire d'un fou, dont la célébrité est grande dans la république des lettres. Depuis deux siècles et demi elle fait les délices de quiconque sait lire ; la renommée l'a portée aux quatre coins du monde, et l'on peut dire, sans crainte d'exagération, qu'après la Bible et l'Évangile, le Don Quichotte est de tous les livres le plus répandu et le plus universellement goûté. Jamais auteur ancien n'a eu plus d'interprètes. Cependant les commentateurs n'ont pas tout dit, et la matière est si loin d'être épuisée que le dernier venu trouve toujours à glaner dans ce champ fertile.

Le docteur Morejon (don Antonio Hernandez) a eu cette bonne fortune. Dans son grand ouvrage posthume sur l'*Histoire bibliographique de la médecine espagnole*, cet auteur, un des plus savants hommes de ce siècle, a consacré au livre immortel de Cervantès un mémoire neuf et spécial, qui fait valoir par le plus beau côté l'histoire ingénieuse du chevalier de la Manche. Il y démontre avec un grand sens que la médecine doit réclamer Cervantès, comme lui appartenant de droit, et je crois, à mon tour, après avoir lu son plaidoyer, que la faculté peut l'adopter et en être fière. Si Molière a eu une heureuse influence sur la dignité de la profession médicale, par ses mordantes satires des charlatans et des médicastres, combien plus Cervantès ne mérite-t-il pas la reconnaissance des vrais médecins, lui qui s'est abstenu d'en dire du mal, et qui a servi plus utilement la science?

Ces considérations m'ont fait penser que les hommes de l'art, qui se consacrent plus spécialement à l'étude des maladies mentales, seraient peut-être bien aises de lire ce curieux commentaire. Je l'ai donc traduit sur le texte espagnol, avec toute la fidélité possible; je me suis permis seulement de retrancher une page d'introduction et d'éloges. Cette suppression aura l'avantage d'abréger d'autant ce mémoire.

Voici en quels termes s'exprime le docteur Morejon, dans le dernier paragraphe de son Histoire de la médecine espagnole au XVIe siècle (1):

« Cette histoire serait privée de son plus bel ornement, si je négligeais de faire mention de Cervantès. Il mérite à bon droit d'y trouver place, à cause des observations médicales qui embellissent son chef-d'œuvre, et qui ont jusqu'à présent échappé à l'attention de ses plus fervents admirateurs. »

« Les facultés merveilleuses de Cervantès, son imagination féconde, la richesse et les beautés de son style, le but qu'il se proposa et qu'il atteignit, en écrivant son immortel Don Quichotte, savoir, la ruine des romans chevaleresques, d'une lecture aussi pernicieuse que frivole, autant de titres qui ont rendu son nom glorieux dans le monde. Les médecins aussi doivent des éloges à l'habileté dont il a fait preuve dans la description de cette espèce de folie, connue sous le nom de *monomanie* » (non; la manie de Don Quichotte était multiple).

« Plusieurs savants, nationaux ou étrangers, ont consacré

---

(1) *Historia bibliográfica de la medicina española*, tomo II, parte 7a, siglo XVI, § xx. Conclusion.— *Bellezas de medicina practica descubiertas en la obra de Cervantes*, pp. 166-180.

leur talent et leur savoir à l'examen critique de l'ouvrage de Cervantes. L'analyse que l'académie espagnole en a faite, en tête de la magnifique édition de 1780, mérite d'être lue pour tout ce qui concerne l'objet de ses attributions, si l'on veut se borner à étudier dans Cervantes, considéré comme écrivain, l'invention de la fable, les qualités de l'action, les caractères des personnages, le mérite de la narration, la propriété du style et l'utilité de la morale. Toutefois, pour que cette analyse fût complète, il aurait fallu une profonde connaissance de la philosophie médicale, connaissance qui devait naturellement être étrangère à cette illustre compagnie. Elle pouvait bien mettre Cervantes au même rang que Milton, Virgile et Homère; mais elle ne pouvait apprécier ni faire connaître son très grand mérite dans la partie descriptive de l'aliénation mentale dont il a traité, et par où il surpasse le célèbre Arétée, le plus grand peintre des maladies, le Raphaël de la médecine, *y á quien por su habilidad en este ramo se le conoce por el Rafael de la medicina.* »

« Moïse et Homère ont eu chacun les honneurs d'une dissertation, le premier, grâce à quelques notions de chimie, très bornées, le second, pour ses connaissances anatomiques, quoique bien imparfaites. Thucydide, Virgile et Lucrèce, pour avoir décrit la peste, sont loués par les médecins, et cités comme modèles dans la description des maladies pestilentielles. Montesquieu tient aussi sa place dans l'histoire de la médecine, à cause de sa théorie de l'influence des climats sur les institutions, théorie qu'il a copiée de l'Espagnol Huarte (1). Et Cervantes ne mérite-t-il pas, à meilleur droit, d'être offert comme modèle à la jeunesse espagnole, pour la description des désordres de l'intelligence? Pour examiner cette question, il faut analyser la prédisposition, les causes occasionnelles, le dévelop-

---

(1) Bordeu avait déjà fait cette remarque très juste (voy. *Rech. sur l'hist. de la méd.*, ch. VII, *Médecins philosophes*, §§ iv et v, t. II, pp. 681-690.

pement, la marche, le traitement, le pronostic et la terminaison de la folie du fameux Don Quichotte, affection nouvelle dans les fastes de l'aliénation mentale, et créée par l'imagination féconde, si brillante et si vive de l'Espagnol Cervantès Saavedra. »

« Il n'est point d'hospice, point d'asile d'aliénés, où l'on n'ait vu quelque fou qui se croyait pape, roi, cardinal, évêque, général, capitaine, comte, duc ou marquis, pauvre, riche ou tout-puissant, possédé du démon, saint ou Dieu. Mais on ne trouve pas dans les annales de l'aliénation mentale un fou aussi extraordinaire, aussi bienfaisant, aussi amoureux, aussi désireux de la félicité publique, que le chevalier errant qui voulait bannir du monde les méchants, les coquins, les scélérats, ainsi que les torts, les iniquités et les forfaits qu'ils commettent, et verser un baume consolateur sur les peines, les travaux, les souffrances et les misères des malheureux, et pour tout dire en un mot, le héros qui devait désenchanter la sans-pareille Dulcinée du Toboso ; dont la folie, retracée par la plume enchanteresse de Cervantès, d'une façon si exacte et si vraie, a prouvé qu'il avait eu raison de dire : « que l'histoire, écrite de la sorte, jouit de l'immortalité, bien différente de celle qui, faute de ces ornements, passe bientôt de la vie à la mort. » Analysons donc la folie de Don Quichotte sous tous ses aspects, sans perdre de vue les conditions qui permettent au médecin philosophe de se faire une idée complète d'une maladie, selon le précepte laconique et profond d'Hippocrate : « qu'il faut, dans l'étude des maladies, tenir compte des qualités, des causes, des formes, du siége, du développement, de la persistance et de la terminaison. »

« Cervantès avait à décrire une espèce toute particulière de folie. Il commence par étudier la manière d'être (*condicion*) et les habitudes du sujet, le genre, le caractère et la nature de l'affection qu'il va peindre, donnant l'ensemble de toutes les prédispositions et des causes occasionnelles qui peuvent le plus contribuer à son développement : il en marque le siége, passe en revue ses périodes, sans négliger les changements et la terminaison ; il raisonne sur le pronostic, adopte les moyens de traitement les plus convenables, se conformant si exactement aux règles de l'art, qu'il peut servir de modèle à tous les médecins philosophes. »

« Les parties et les détails qui doivent concourir à former l'ensemble de cette histoire médicale sont liés avec tant de proportion et dans une combinaison si harmonieuse, qu'il en résulte des beautés pleines de charme et d'un attrait infini. »

« *Prédispositions et causes.* — Conditions qui prédisposent à la folie : 1° Les tempéraments bilieux et mélancolique. — Don Quichotte « était de haute taille, d'une complexion robuste ; le visage maigre, le corps sec et velu. » 2° L'âge viril ou l'âge mûr — Don Quichotte « frisait la cinquantaine. » 3° La pénétration et la culture de l'intelligence. — Don Quichotte avait de l'esprit, une mémoire excellente, et beaucoup d'instruction ; il possédait toutes les connaissances d'un chevalier errant : la théologie, la jurisprudence, la médecine, la botanique, l'astronomie, les mathématiques, l'histoire et autres. 4° L'orgueil de race et la noblesse. — Don Quichotte était gentilhomme (hidalgo), et de la Manche, descendant en droite ligne et par les mâles (por linea recta de varon), de Gutierre Quijada, le vainqueur des fils du comte de Saint-Pol. 5° Les exercices violents. — Don Quichotte était grand chasseur de lièvres. 6° La transition d'une vie active à l'oisiveté. — Don Quichotte « négligea presque de tout point l'exercice de la chasse et même l'administration de son bien. » 7° Les aliments de haut goût, visqueux et difficiles à digérer. — Don Quichotte « mangeait le plus souvent à son souper, du hachis de viande, des lentilles le vendredi, des abatis de bétail les samedis, et quelque pigeonneau de surcroît les dimanches. » 8° Les saisons d'été et d'automne. — Don Quichotte éprouva ses plus grands accès de folie le 28 juillet, le 17 août et le 3 octobre. 9° Les passions amoureuses. — Don Quichotte était fortement épris. 10° L'excès de lecture. — Don Quichotte vendit plusieurs fanègues de terre de semence pour acheter des livres de chevalerie et des poésies érotiques. 11° Les veilles prolongées. — Don Quichotte « lisait sans cesse, le jour et la nuit, si bien qu'à force de lire et de ne pas dormir, tout le reste aidant, son cerveau se dessécha de telle sorte qu'il en perdit le jugement. »

« On trouve marqués dans ces derniers mots, avec autant de précision et de clarté qu'auraient pu le faire Hippocrate et Boerhaave, l'organe malade, le siége, la cause prochaine de l'affection. »

« *Symptomatologie.* — Le mot *folie* est générique : il embrasse différentes espèces et même des variétés ; aussi les symptômes sont-ils toujours en rapport avec la diversité des causes qui la produisent. Une fois que Don Quichotte eut complétement perdu la raison, il s'imagina que tout ce qu'il avait lu dans les livres de chevalerie et dans les poésies érotiques, était réel. Dès lors son imagination ne rêva plus que querelles, batailles, défis, blessures, déclarations et propos d'amour, peines et soucis et autres extravagances impossibles. Il se mit si bien dans la tête que tous ces rêves de l'imagination, fruit de ses lectures, étaient vrais, qu'il n'y avait pas pour lui d'histoire plus certaine. Aussi conçut-il le dessein de se faire chevalier errant, et d'aller par le monde, courant les aventures. — Tel est le caractère spécifique de cette étrange et singulière folie : l'ensemble de ces circonstances constitue ce que les médecins appellent le *syndrome* symptomatologique (énumération de symptômes, sans rapport obligé à des maladies déterminées). Ainsi, la forme et les symptômes de l'affection de Don Quichotte sont constitués par la série d'accès successifs d'arrogance, d'orgueil, de vaillance, de fureur, d'audace qui se manifestèrent à tour de rôle pendant le cours de la maladie, et dans chacune de ses périodes. On y voit toujours que les objets extérieurs qui tombaient sous les sens du malade, loin de produire des sensations ou des images régulières, occasionnaient des troubles graves dans son jugement, se peignant et se reproduisant dans son imagination, conformément à la disposition intérieure de son cerveau dérangé. »

« *Temps et périodes de la maladie.* Toutes les maladies, sans exception, les plus longues comme les plus courtes, ont leurs périodes : Cervantes n'a eu garde de soustraire son malade à cette règle posée par Galien : le début, l'augment, l'état et le déclin de la folie sont indiqués magistralement dans son ouvrage par autant de sorties ou escapades de Don Quichotte. »

« Elle débuta l'été et s'annonça de la sorte : le héros parlait tout seul dans son appartement de choses concernant la chevalerie, analogues aux causes occasionnelles de sa maladie ; il s'escrimait, l'épée en main, contre les murailles, comme pour s'essayer à vaincre les géants, les félons et les malandrins, dont il voulait triompher, à redresser les torts et à demander satisfaction des injures et offenses. »

« Ensuite, il se mit à préparer toute sorte d'armes, et conçut le projet de s'en aller par le monde, exerçant la profession de chevalier errant ; projet qu'il exécuta par son escapade du 28 du mois de juillet, un des jours les plus chauds de la saison, et dans la nuit duquel se manifestèrent les premiers accès de fureur et d'audace de sa folie, suivis bientôt après de la rencontre du garçon à moitié nu, lié au tronc d'un chêne, et des marchands de Tolède. »

« L'augment de la maladie est marqué à partir de la deuxième sortie de l'ingénieux hidalgo jusqu'à son retour chez lui. Dans cet intervalle eurent lieu le combat contre les moulins à vent, la rencontre entre le héros de la Manche et le Biscayen, l'aventure des maquignons sans pitié, celle de l'auberge prise pour un château, celles du convoi funèbre, du moulin à foulon, et de l'armet de Membrin, la délivrance des forçats, la pénitence dans la retraite de la Sierra-Morena, la bataille contre les outres de vin rouge, et les démêlés avec les membres de la sainte Hermandad et les flagellants. — Dans le récit de cette période d'augment, Cervantès entraîne irrésistiblement l'admiration de tout médecin philosophe. Dans cette partie de son livre, il a retracé, à mon sens, cette espèce, ou, mieux encore, cette variété de manie, dont Arétée a dit, à la fin du chapitre qu'il lui a consacré : « Il existe une autre espèce de délire, dans lequel les malades se déchirent les membres, croyant pieusement que les Dieux le veulent ainsi et leur savent gré de cette conduite (1). » Le tableau qu'a tracé l'auteur espagnol de la manie de Don Quichotte, imitant le Beau Ténébreux, surpasse l'original du médecin de Cappadoce. »

« C'est là que Cervantès a rassemblé tous les traits qui marquent le plus haut degré d'intensité de cette maladie, savoir : tolérance incroyable de veilles continues, abstinence prolongée et effrayante d'aliments, insensibilité à l'action du froid, profonds soupirs, pleurs, prières ferventes, envie très prononcée de déchirer ses vêtements, de s'en dépouiller, de rester en chemise, de faire des cabrioles et des culbutes, la tête en bas, développement énorme de la force des nerfs et des muscles, mortification du corps en l'honneur de la déesse de ses amours, la sans pareille Dulcinée. »

« Dans cette retraite de la Sierra-Morena, une particularité bien digne de l'attention des médecins philosophes, c'est la rencontre de Cardenio. En général, les fous vivent isolés, se fuyant les uns les autres, se méprisant et se moquant entre eux, ne sympathisant et ne se mettant ensemble qu'autant que leur délire est analogue : et même dans ce cas, ils se querellent pour un rien, mais ils se réconcilient aisément. C'est là précisément ce que Cervantès a noté de main de maître, dans l'épisode

---

(1) Voy. Aretæi *De caus. et sign. diut. morb.*, lib. I, c. 6, edit. Ermerins, p. 75.

de ce galant jeune homme, devenu fou pour avoir cru que don Fernando lui avait enlevé Lucinde, son idole. On y voit aussi un exemple de ces intervalles lucides que présentent habituellement les aliénés. Le récit de son infortune que Cardenio fait au curé, dans un de ces moments, mérite d'être lu, comme une preuve de cette vérité. Un autre trait qui mérite l'attention des médecins, c'est l'habitude qu'ont les fous de changer de nom. Dans le cours de cette période, don Quichotte prit le nom de chevalier de la Triste Figure, et dans la période subséquente, celui de chevalier des Lions. »

« Les nuances qui distinguent les alternatives du caractère moral de la monomanie sont : l'orgueil, la superbe, le sentiment exagéré de la valeur personnelle, et la confiance en ses propres forces. Don Quichotte se vantait à tout moment de la vigueur de son bras infatigable ; et dans certaine circonstance il alla jusqu'à dire à son écuyer que le ciel n'avait créé, ni l'enfer jamais vu quelqu'un qui fût capable de l'intimider et de lui faire peur. »

« La dernière sortie du héros jusqu'à sa défaite à Barcelone par le chevalier de Blanche Lune, à la suite de laquelle il rentra chez lui pour la troisième fois, constitue les périodes d'état et de déclin de sa folie. Les symptômes de cette période furent : le char des assises de la Mort, le combat avec le chevalier des Miroirs, la rencontre des lions, la caverne de Montésinos, la fameuse aventure de la barque enchantée, celle de la duègne affligée, la lutte inégale avec Tosilos, la bataille contre les taureaux, l'aventure de la belle Moresque, celle des porcs, de la tête enchantée, et enfin celle du chevalier de Blanche Lune, où commence la transition d'une maladie à une autre, transition que les Grecs appelaient *métaptose* et qui est un des sujets les plus curieux et les plus difficiles de la médecine pratique. »

« *Transformation de la folie.* — Les maladies passent quelquefois ou s'étendent d'un organe à un autre, sans que la lésion primitive en soit amoindrie : ou bien elles varient d'un endroit à un autre, l'organe primitivement lésé restant sans lésion, mais conservant toujours l'essence première du mal. D'autres fois elles changent de siége et de nature, quand il survient une maladie différente de la première : question importante dans la médecine pratique, et malheureusement peu étudiée. Cervantès nous offre un exemple de cette transformation de la maladie. Il survient à don Quichotte une fièvre aiguë, et aussitôt tous les caractères physiques et généraux de l'affection primitive changent. Changement curieux à trois points de vue : d'abord pour la médecine pratique, ensuite par rapport à la médecine légale ; car sans cette transformation, don Quichotte n'aurait pu tester, ou du moins son testament eût été nul ; enfin, à cause de l'influence qu'eut ce changement sur le pronostic et la terminaison de la maladie. »

« *Pronostic.* — Le changement subit de la folie en un découragement amer, en une mélancolie profonde, et la complication d'une fièvre aiguë, le passage brusque de la folie à la raison ; autant de circonstances qui doivent inspirer des craintes pour la vie du malade : et ce fut précisément cet ensemble de phénomènes qui fit présager la mort du célèbre chevalier (1). »

« *Plan curatif et traitement moral.* — Le plus grand titre de Pinel à la gloire, c'est, de l'aveu de Broussais, l'application du traitement moral aux aliénations mentales. Mais cette gloire est due aux Espagnols plutôt qu'à Pinel. Cet auteur français, dans son précieux ouvrage, loue la méthode adoptée dans la maison d'aliénés de Saragosse, où l'on mit avant lui cette théo-

---

(1) « La prudence exige qu'on envisage avec sollicitude et suspicion la cessation du délire, lorsqu'elle n'est pas suivie d'autres signes satisfaisants ; on l'observe quelquefois à l'approche de la mort. Les malades délirants recouvrent alors le libre exercice de l'entendement, certains même font preuve d'une raison forte ou supérieure, et bientôt ils cessent d'exister. » (Dr Falret, *Du délire*, p. 39.)

rie en pratique. Cette idée, Saragosse l'emprunta peut-être à Valence, et, deux cents ans avant Pinel, Cervantès la mania magistralement avec tant de génie et d'habileté, qu'on ne peut qu'admirer la stratégie médico-morale qu'il employa pour calmer la fureur et les transports de son chevalier errant; moyen non moins original que celui dont il usa pour bannir de l'Espagne l'épidémie de mauvais goût qui portait tout le monde à la lecture des livres de chevalerie. »

« Pour diriger le traitement moral de la mélancolie et de la manie, il faut avoir fait une profonde étude du cœur humain et de l'entendement en général, et une étude particulière du malade. Cervantès remplissait ces deux conditions : il connaissait don Quichotte, comme s'il eût été son propre fils, et nul ne pouvait mieux que lui découvrir les moyens de le soulager. »

» Six personnes figurent dans son histoire, qui prennent part au traitement, avec des rôles différents, pour remplir les deux extrêmes de l'épigraphe de Boerhaave : le curé, homme instruit, maître Nicolas et Sanson Carrasco favorisent la marotte du chevalier; le chanoine de Tolède, la gouvernante et la nièce la combattent avec force. »

« Pour commencer le traitement, on songea d'abord à éloigner la cause efficiente du mal : de là la revue et l'incendie des livres de chevalerie et d'amour renfermés dans une pièce dont la porte fut murée, et la persuasion que tout s'était fait par enchantement : c'était la conduite la plus sensée que l'on pût tenir en pareille circonstance. Le savant magicien Mugnaton vient dans un nuage, monté sur un serpent; il s'envole par le toit, et laisse la maison remplie de fumée. »

« Tel est le précepte général, applicable à toutes les maladies : on peut dire que c'est un miracle d'en voir guérir une seule, tant que les causes qui la produisent continuent à exercer leur influence. »

« Cependant, on ne réussit pas dès la première fois à obtenir l'effet que l'on désirait, d'abord à cause de l'économie du roman, dont l'action se fût terminée froidement, à la cessation du mal ; et en second lieu, et c'est une observation importante à notre point de vue, par suite d'une légère inadvertance de la nièce, qui confondit le nom de Freston ou Friton avec celui de Mugnaton ; car il faut procéder avec beaucoup de sagacité et de prudence, la moindre négligence faisant échouer tous les plans. »

« Ce fut par une ruse de cette nature que le curé de son village et le barbier trouvèrent le moyen de le tirer de la Sierra-Morena, où son extravagance arriva au plus haut degré. Ils se déguisent à l'auberge, le curé avec un pourpoint de velours bordé de satin blanc, et le barbier avec une longue barbe moitié blanche moitié rousse (la queue d'un bœuf roux) ; travestissement qu'ils échangent bientôt contre un autre du même genre et qu'ils croyaient plus efficace. »

« La belle et infortunée Dorothée se jette aux pieds du chevalier errant et lui raconte ses peines : elle feint d'être la princesse Micomicone, et elle obtient de lui la promesse qu'elle aura satisfaction du tort et de l'injure qu'on lui a faits. Sous ce prétexte excellent, on parvient à tirer le fou de la Sierra, on l'emmène à l'auberge, où il tombe dans un profond sommeil, entremêlé d'une espèce de somnambulisme, connu en Espagne, analogue à l'état de son imagination exaltée, et prélude d'une rémittence de sa folie, pendant laquelle on put, sans éprouver beaucoup de résistance, transporter chez lui le pauvre fou dans un char à bœufs. »

« La détermination que prirent le curé et le barbier de passer près d'un mois sans voir le malade, de peur de lui renouveler le souvenir des choses passées, alors qu'il commençait à donner des preuves qu'il recouvrait sa raison, cette détermination était excellente ; et s'il fût resté sans voir aucun des siens ni sa propre maison, cela eût été encore mieux. Le régime alimentaire qui fut prescrit et suivi, était le plus convenable. »

« Les invectives de la gouvernante au moment où la folie

commence à reparaître, les menaces qu'elle fait d'aller se plaindre hautement à Dieu et au roi, s'il ne se tient tranquillement chez lui, afin qu'ils y mettent bon ordre, et celles de la nièce, quand elle lui fait observer que tout ce qu'il débitait sur les chevaliers errants était fable et mensonge, et que ses histoires, dignes du feu, méritaient tout au moins une censure de l'inquisition, ou quelque marque qui les notât d'infamie, comme destructrices des bonnes mœurs ; ces plaintes et ces menaces étaient autant de moyens très convenables, et les plus puissants en Espagne : et c'est ainsi qu'en avait usé le chanoine de Tolède. »

« La troisième ruse de cette espèce, ce fut l'accord du curé et du barbier avec le bachelier Sanson Carrasco, lequel se déguisant à son tour, sous le nom de chevalier des Miroirs, se battit une première fois avec don Quichotte, non pas cependant avec le succès et le bonheur qu'il eut dans la deuxième rencontre, à Barcelone, quand il prit le nom de chevalier de Blanche Lune. »

« Le même plan est suivi jusqu'à la fin prochaine de la maladie de don Quichotte, quand il résolut de se faire berger. Le bachelier l'engage fortement à se lever pour commencer la vie pastorale ; il lui dit qu'il a déjà composé une églogue, et acheté à un fermier du Quintanar deux fameux chiens pour garder son troupeau, répondant aux noms de Barcino et Butron. »

« L'avant-dernier stratagème moral amena l'affaiblissement de la folie de don Quichotte, affaiblissement dépeint par Cervantès avec tant d'exactitude et de vraisemblance, qu'il semble avoir emprunté le pinceau du médecin de Cappadoce, si ce n'est que l'auteur espagnol a su embellir les couleurs : les termes sont à peu près les mêmes de part et d'autre, mais le dernier est plus brillant dans l'exposé des phénomènes moraux du déclin de la folie. »

« Non-seulement Cervantès précéda Pinel dans le traitement moral de la folie, mais encore Broussais lui-même, dans cette doctrine qui lui a fait tant de prosélytes en Europe ; car l'auteur espagnol établit que « l'estomac est le laboratoire où se fabrique la santé ; » et par ce mot du fou de Séville, il fit voir qu'il connaissait les rapports qui existent entre ce viscère et les altérations du jugement. Mais celui à qui il a donné particulièrement, voilà plus de deux siècles, une bonne leçon, c'est Hahnemann, ce moderne sectaire, qui, sous le nom ridicule d'*homœopathie* prétend éblouir aujourd'hui la jeunesse imprudente, en donnant comme nouvelle une doctrine connue depuis des siècles en Espagne, où elle a été maniée d'une manière judicieuse et philosophique, bien différente de celle qu'a adoptée ce faiseur de systèmes. »

« Cervantès lui-même avoue que le but unique de son livre était de bannir le goût détestable de la lecture des livres de chevalerie, qui faisaient tant de mal. Ce résultat n'avait pu être obtenu par un médecin de la Manche, Sanchez Valdès de la Plata (1), qui avait poursuivi le même dessein, en se conformant à ce principe général en médecine : « Que les contraires se guérissent par leurs contraires. » L'auteur de don Quichotte, pénétré à coup sûr de la vérité d'une observation d'Hippocrate, savoir, que l'on guérit quelquefois les maladies par des moyens semblables aux causes qui les produisent, il se décida à faire usage de cette méthode que l'on appelle aujourd'hui *homœopathique*. »

« Depuis le moyen âge et les croisades, l'Espagne était infectée de romans de chevalerie ; Cervantès composa lui aussi un roman chevaleresque, qui eut pour effet de faire disparaître tous les autres, de guérir la raison de sa pernicieuse crédulité, et de laisser une œuvre immortelle à toutes les classes de la so-

---

(1) Médecin espagnol du XVIe siècle. On a de lui un ouvrage posthume imprimé à Madrid en 1598 : *Crónica y historia general del hombre*, en cinq livres. Il déclare dans le prologue qu'il a composé son livre afin de ramener les esprits au goût des lectures sérieuses.

ciété et plus particulièrement aux médecins, qui peuvent y découvrir encore plus de beautés que je n'y en ai découvert. »

« Une seule chose manque, à mon sens, dans l'ouvrage de Cervantès pour que l'histoire fût complète : c'est l'ouverture du cadavre de don Quichotte. Peut-être a-t-il négligé de l'insérer, parce qu'il était convaincu de l'insuffisance de l'anatomie pathologique dans cette espèce de maladies, ou bien parce que le malade ayant recouvré sa raison, la sécheresse du cerveau n'était plus la cause prochaine ni le siége de cette cause, transformée en une autre maladie, et que, par conséquent, on n'aurait rien trouvé qui coïncidât avec les écarts de l'imagination. Peut-être aussi que le vrai motif fut l'impossibilité de la faire, par suite des préjugés de la famille et des proches parents du mort, surtout dans un village. On ne trouve là-dessus aucun renseignement dans l'histoire de Cid Hamet Benengeli. »

« Nonobstant cette omission, l'histoire de l'ingénieux hidalgo don Quichotte est tracée selon toutes les règles de l'art (de la medicina), tandis qu'il n'y a pas beaucoup de médecins qui songent, en décrivant les maladies, à toutes les conditions scientifiques exigées dans la description d'un état morbide, chose ardue et malaisée, d'après Sydenham. »

« Il y a dans l'ouvrage de Cervantès la même vérité que conçut son imagination : ordre, clarté, imitation de la nature, enfin, une application de moyens moraux, plus ingénieux et plus appropriés à la cause de la folie que tous ceux qu'aurait pu imaginer Pinel lui-même et d'autres qui l'ont précédé. »

« Jusqu'ici la peinture n'avait été appliquée à la médecine que pour reproduire les diverses périodes de la pellagre (rosa de Asturias) et d'autres maladies de la peau et de quelques maladies des yeux. Peut-être cette idée est-elle née en Espagne, car j'ai vu à Madrid des tableaux très anciens représentant les divers symptômes et périodes du mal de Saint-Lazare (*mal de San Lazaro*, espèce de lèpre ; cette dénomination s'appliquait parfois à la teigne), mal si répandu jadis parmi nous, où il y avait tant d'hôpitaux pour le traiter, et qui heureusement est aujourd'hui presque éteint. A son tour le burin s'est efforcé de nous conserver par la gravure les traits d'emportement chevaleresque de la maladie de don Quichotte. Quelques-uns de ces traits frappent d'admiration et de surprise : un homme seul affrontant deux armées supposées ; l'aventure des moulins à foulon, dont le fracas épouvantable, au milieu des ténèbres de la nuit, eût jeté la crainte dans tout autre cœur que celui de don Quichotte ; la descente à la caverne de Montésinos, qui surpassa la descente d'Énée aux enfers (l'auteur ajoute : *à la recherche de Créuse, son épouse*), et que l'historien Cervantès décrit avec autant d'art et de sublimité que le poëte de Mantoue, nous offrant là même un exemple d'asphyxie, si fréquente chez les puisatiers et ceux qui descendent en des lieux très profonds. »

« Que les médecins lisent donc don Quichotte, non comme passe-temps et pour rire un moment après la fatigue des visites ; mais pour contempler un génie dans la partie descriptive des maladies mentales, pour admirer combien il (Cervantès) eut toujours présentes à l'esprit toutes les conditions requises dans ce genre de travail, et pour considérer avec quel talent il a présenté une espèce des plus neuves de la folie, et comment il a su rendre ce fou intéressant, sans le rendre ridicule dans ses extravagances ; au point qu'il inspire, dans tous ses transports, un intérêt secret pour la réussite de ses aventures chevaleresques. »

« Qu'ils examinent, dans son histoire, les intervalles lucides ou les périodes de calme, et ils y trouveront tous les traits caractéristiques : augmentation de la mémoire, bons mots et saillies, c'est-à-dire les caractères moraux de cette maladie, et des restes de la bonne éducation, de la politesse et de l'urbanité de l'hidalgo. C'est ainsi qu'ils le verront, dans le palais du duc et chez don Antonio Moreno, à Barcelone, tout à fait transformé, avec toute la distinction et la courtoisie d'un chevalier ;

et de même aussi dans ses récits, dans sa conversation, dans ses refrains, et dans les épisodes qui embellissent l'ouvrage, donnant des leçons et des préceptes à toutes les classes de la société. Nouvelles louanges ajoutées par les médecins à toutes celles qu'a méritées ce grand génie ! »

« Ombre immortelle de Cervantès ! au milieu de tant de profanes qui osent se dire médecins, au milieu de tant de détracteurs de la profession la plus bienfaisante, tu naquis pour elle. Tu entourais de considération et de respect les médecins savants, sages et de talent, les regardant comme des êtres divins. Reçois donc le tribut de la gratitude ; et, tandis que les beaux-arts t'élèvent à l'envi des monuments, j'en consacre un plus durable à ta gloire, en te plaçant dans l'histoire de la médecine espagnole. »

Montesquieu a dit en parlant des Espagnols : « Le seul de leurs livres qui soit bon, est celui qui fait voir le ridicule de tous les autres (1). » Il n'était guère possible de mieux louer Cervantès aux dépens de ses prédécesseurs et de ses successeurs les plus illustres. Mais quand cela serait vrai, il faut convenir qu'une nation pourrait se consoler de ne posséder qu'un livre qui vaut à lui seul toute une bibliothèque. Le témoignage de Montesquieu, qu'on n'accusera point de partialité en faveur de l'Espagne, mérite du reste quelque attention. On pourrait l'opposer, s'il en était besoin, aux arguments très faibles de quelques commentateurs, qui ont pensé, je ne sais pourquoi, que Cervantès s'était peint lui-même dans le portrait qu'il a tracé de don Quichotte. Hypothèse nullement probable, si l'on songe qu'à côté de ce héros de la folie, l'auteur a eu soin de représenter dans la personne de l'écuyer Sancho Panza, le bon

---

(1) *Lettres persanes*, 78.

sens populaire ou le sens commun. Cette considération seule suffirait pour détruire une supposition que je crois tout à fait inexacte, sans fondement aucun, et qui, si elle était vraie, n'aurait, en fin de compte, d'autre résultat que de placer Cervantès dans le musée des grands hommes de M. Lélut : honneur dont Cervantès peut fort bien se passer ; car j'ose croire qu'il n'y serait pas à sa place, quoique en très bonne compagnie.

Il me semble donc qu'au lieu d'imaginer à plaisir ces hypothèses inutiles, il vaut infiniment mieux suivre l'exemple du docteur Morejon. On vient de lire son plaidoyer, et l'on voit que rien n'y manque : l'exorde est remarquable et tiré du sujet ; la péroraison en est éloquente, et même un peu trop, à mon gré ; mais c'est ainsi que s'exprime la conviction.

Ce qui me touche le plus dans cette pièce curieuse, c'est surtout le nombre et la force des preuves accumulées en faveur de l'instinct médical, je dirai même du talent d'observation de Cervantès. Qu'on ne s'y trompe pas : l'auteur de don Quichotte était un observateur d'un génie vaste et profond. La moitié de sa vie se passa en voyages : il avait, par conséquent, beaucoup vu et pu retenir bien des choses. Sur ces éléments de toute nature travailla depuis sa belle intelligence : il répandit à profusion sur ses souvenirs si féconds, toutes les richesses de son imagination ; de sorte qu'à la vérité de la nature, il ajouta le charme et le prestige de l'art.

En parcourant les principales universités et les grandes villes de l'Europe, Cervantès n'avait pas manqué, sans aucun doute, de visiter pour son instruction les maisons ou asiles d'aliénés, alors si bien tenus en Espagne. Les fous jouent un rôle considérable dans plusieurs de ses ouvrages ; ils y tiennent une très grande place. Tout le monde sait que parmi ses nouvelles morales (novelas ejemplares) une des plus intéressantes est celle du licencié Vidriera (el licenciado Vidriera), un pauvre diable qui avait passé sa jeunesse dans l'étude, au milieu des livres et au sein des écoles, résistant aux séductions de l'amour, et qu'un philtre amoureux, qu'une femme lui fit prendre à son insu, jeta d'abord dans une maladie de langueur, et immédiatement après dans une manie des plus étranges. Le licencié se mit dans la tête que son corps était de verre ; il prit dès lors les précautions les plus minutieuses et les plus comiques pour préserver du contact des objets extérieurs cette trop fragile enveloppe.

Ces observations réitérées des cas les plus divers de folie, prouvent non-seulement en faveur de la profondeur et de la sagacité du génie de Cervantès, à qui rien n'échappait ; mais elles prouvent surtout en faveur des nobles sentiments de cette âme excellente qui avait des sympathies pour toutes les infortunes et compatissait à toutes les souffrances des hommes. Comme il connaît à fond le cœur humain, et qu'il est grand peintre dans ce genre ! Qu'il est naturel et vrai dans ses peintures ! Est-il un personnage à la fois plus imaginaire et plus réel que don Quichotte ? Il nous intéresse constamment, il nous divertit, nous amuse, nous fait penser, nous rend rêveurs et philosophes ; et à la fin de ses aventures, quand approche le moment suprême, ce fou sublime recouvre le plein usage de sa raison, et il se dispose à la mort avec une sagesse si calme et si résignée, qu'il nous touche et nous émeut profondément. Tel est l'art infini et le privilége du génie. Aussi ne saurait-on donner trop de temps à la méditation des écrits de ces grands esprits qui ont mis toute leur âme dans leurs œuvres, et qui sont les représentants de toute une époque. Quoique le mot de Montesquieu soit trop spirituel pour être vrai, il n'en est pas moins certain que Cervantès pourrait au besoin représenter à lui seul l'esprit, les mœurs, le caractère et le génie de l'Espagne au XVIe siècle.

Quant au travail du docteur Morejon, je m'abstiens de l'apprécier comme il mériterait de l'être, le soumettant sans crainte au jugement du lecteur. Je ne cache pas que j'en fais beaucoup de cas : je le crois neuf et original, très intéressant, fort curieux, et digne de figurer dans les meilleures éditions de don Quichotte. Il mérite à coup sûr que les futurs éditeurs de cet ouvrage immortel lui accordent une place honorable à côté des commentaires les plus accrédités, tels que ceux de Clémencin et de Navarrete, auxquels il sert naturellement de complément. Quiconque entreprendra d'écrire une histoire philosophique de l'aliénation mentale, sera tenu désormais de consulter le livre de Cervantès et le mémoire médico-psychologique du docteur Morejon.

Nota. — Le mémoire du docteur Morejon a été signalé successivement par MM. A. de Puibusque et A. de Latour, qui en ont donné des extraits dans leurs estimables ouvrages sur la littérature espagnole.

www.ingramcontent.com/pod-product-compliance
Lightning Source LLC
Chambersburg PA
CBHW060609050426
42451CB00011B/2165